Peyman Pouryekta

Analyse und Bewertung der Digital Asset Managment Systeme 'canto Cumulus' und 'celum Imagine'

Ein Produktvergleich zur Benutzerfreundlichkeit

GRIN Verlag

Bibliografische Information der Deutschen Nationalbibliothek:

Die Deutsche Bibliothek verzeichnet diese Publikation in der Deutschen National-
bibliografie; detaillierte bibliografische Daten sind im Internet über http://dnb.d-
nb.de/ abrufbar.

Impressum:

Copyright © 2010 GRIN Verlag GmbH
Druck und Bindung: Books on Demand GmbH, Norderstedt Germany
ISBN: 978-3-640-77512-5

Dieses Buch bei GRIN:

http://www.grin.com/de/e-book/157732/analyse-und-bewertung-der-digital-asset-
managment-systeme-canto-cumulus

GRIN - Your knowledge has value

Der GRIN Verlag publiziert seit 1998 wissenschaftliche Arbeiten von Studenten, Hochschullehrern und anderen Akademikern als eBook und gedrucktes Buch. Die Verlagswebsite www.grin.com ist die ideale Plattform zur Veröffentlichung von Hausarbeiten, Abschlussarbeiten, wissenschaftlichen Aufsätzen, Dissertationen und Fachbüchern.

Besuchen Sie uns im Internet:

http://www.grin.com/

http://www.facebook.com/grincom

http://www.twitter.com/grin_com

FOM Essen

Studienfach: Medieninformatik und Webinformatik

Sommersemester 2010

Analyse und Bewertung der Digital Asset Managment Systeme
canto Cumulus und *celum Imagine*:

ein Produktvergleich zur Benutzerfreundlichkeit

Projektarbeit

vorgelegt von:

Peyman Pouryekta

Inhaltsverzeichniss

Abkürzungsverzeichnis

Abkürzung	Beschreibung
DAM	Digital Asset Management
MAM	Media Asset Management
DMM	Digital Media Management
DMAM	Digital Media Asset Management
CMS	Content Management System
ISO	International Organization for Standardization
WSDL	Web Services Description Language
LDAP	Lightweight Directory Access Protocol
Ajax	Asynchronous JavaScript and XML
REST	Representational State Transfer

Abbildungsverzeichnis

Nummer	Beschreibung
1.	Prozesse ohne zentrales Digital Asset Management System
2.	Prozesse mit zentralem Digital Asset Management System
3.	Cumulus Desktop-Client Layout
4.	Cumulus Web-Client Layout
5.	celum Imagine Layout
6.	celum Webgate Layout

Tabellenverzeichnis

Nummer	Beschreibung
1.	Nutzwertanalyse canto Cumulus vs. celum Imagine

1. Einleitung

In der heutigen, modernen Zeit steht das Arbeiten mit und am Computer besonders im Vordergrund. Prozesse könne mit Hilfe eines Computers automatisiert und vereinfacht werden. Die Produkte die man mit einem Computer erzeugt sind meistens Dateien. Und im Laufe der Zeit häufen sich diese besonders an. Um diesen großen Datenmengen gerecht zu werden benötigt man Systeme, die Strukturen bereitstellen, um diese Dateien verwalten zu können.

Diese Ausarbeitung befasst sich grundsätzlich damit, was ein Digital Asset Management System ist. Es ermittelt die Kernfunktionalitäten des Systems und zeigt den Mehrwert, der durch ein solches System hervorgebracht werden kann.

Im Zweiten Schritt wird auf die Benutzerfreundlichkeit und deren relevanten Kriterien, für eine Mensch zu Maschine Kommunikation, eingegangen.

Der Kern dieser Ausarbeitung befasst sich mit dem Vergleich der beiden System celum Imagine und canto Cumulus. Hierbei wird besonders die Benutzerfreundlichkeit betrachtet. Durch eine Gegenüberstellung der wesentlichen Kriterien wird dann bewertet welches System Vorzüge oder auch Schwächen aufweist.

2. Digital Asset Management

In diesem Kapitel wird der Begriff Digital Asset Management (DAM) erläutert und ähnliche Begriffe abgegrenzt um Missverständnisse zu vermeiden. Außerdem werden Einsatzbereiche für DAM Systeme genannt.

2.1. Definition

Für den Begriff Digital Asset Managemenet werden häufig folgende Synonyme verwendet: Media Asset Management (MAM), Media Warehouse, Digital Media Management (DMM), Digital Media Asset Management (DMAM).

All diese Begriffe beschreiben ein System, das in der Lage ist digitale Inhalte zu verwalten. Sie gehören zu der Gruppe der Content Management Systeme (CMS).

Ulrich Knocke , Geschäftsführer der Canto Softwaree AG, erklärt den Begriff auf diese Weise [1]:

> Ein Digital Asset Management System (DAM) bietet Möglichkeiten alle Arten von digitalen Dateien gleich welchen Formats (Bilder, Movies, Sound- und Layout Dateien usw.) effizient zu verwalten, organisieren und zu verwerten - insbesondere in Cross-Plattform und Cross-Media-Publishing Umgebungen. Der Einsatz eines Asset Management Systems bietet dabei viele Vorteile und dient u.a. der Effizienzsteigerung. Denn bereits existierende Assets sind schnell und einfach zu finden und müssen nicht etwa neu erstellt oder mehrfach lizenziert werden. Ein Asset Management System kann zur Automatisierung des Arbeitsflusses eingesetzt werden, indem es Ihnen hilft die Übersicht über den Status der Bearbeitungen zu behalten und die Assets an die nächste Bearbeitungsstation weiterleitet. Häufig dient ein DAM System als Basis einer e-Commerce Lösung.

Diese Erklärung deutet auf die vier zentralen Eigenschaften eines DAM Systems [2, Seite 32f]:

Accessibility: Das schnelle und einfache finden von Assets.

Liquidity: Assets, die an ein Format oder eine Anwendung gebunden sind, sind für DAM nutzlos. Daher müssen Assets für unterschiedliche Anwendungen anpassbar sein. Man spricht hier auch von medienneutraler Datenhaltung

Reusability: Das Wiederverwenden von Assets spielt eine wesentliche Rolle. Nur Assets, die kostengünstig mehrfach eingesetzt werden können, sind von Relevanz.

Scalability: Bei wachsender Anzahl der Assets oder Erweiterung der Speicherformate muss das DAM einsatz- und leistungsfähig bleiben.

Neben der Erfüllung der oben angeführten Eigenschaften kann ein DAM System nach David Austerberry zusätzlich folgende Erweiterungen aufweisen [3, Seite 5f]:

- **Coathoring**

  The asset-management system recognizes both single users and groups of users and gives role-based access. Each user is allocated rights to create, edit, or view material. This also provides security to prevent unauthorized access to confidential information or content with monetary value.

- **Storage management and Archiving**

  A small number of files can be stored on a single hard drive, possibly with regular backup to a streaming tape. Once a company has acquired large number of files, a hierarchy of storage subsystems will allow access time to be traded for cost. RAID systems can beused for immediate online access, with lower-cost magneto-optical or tape storage used for offline archive.

- **Multiple formats and Versions**

  Content exists in many file formats. Consider a photographic image. There may be multilayered Adobe Photoshop original. There could be a flattened TIFF fot print and a JPG for the Web.

- **Search tools**

  One of the most powerful features of asset managment from the user´s perspective is the ability to search for a file using minimal information. Basic searching uses Boolean logical expressions: AND, OR, and NOT.

- **Publishing tools and Wide-area distribution**

  Once all editorial processing is complete, the finished content is published. The material can be physically delivered on transportable media like videotape, or alternatively by file transfer over a wide area network - a process called fulfillment.

2.2. Einsatzmöglichkeiten

DAM Systeme kommen immer dann zum Einsatz, wenn es darum geht größere Datenmengen zu verwalten. Das folgende Diagramm soll verdeutlichen wie die Prozesse in einem Unternehmen somit minimiert und optimiert werden:

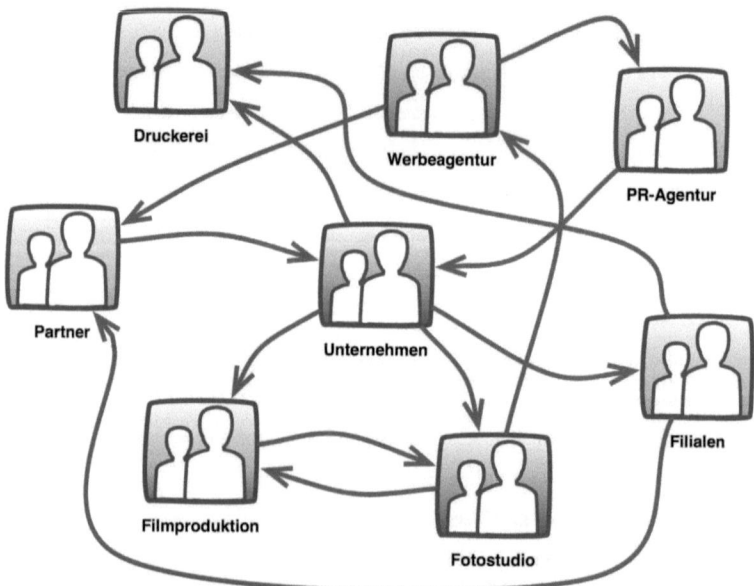

1. Prozesse ohne zentrales Digital Asset Management System

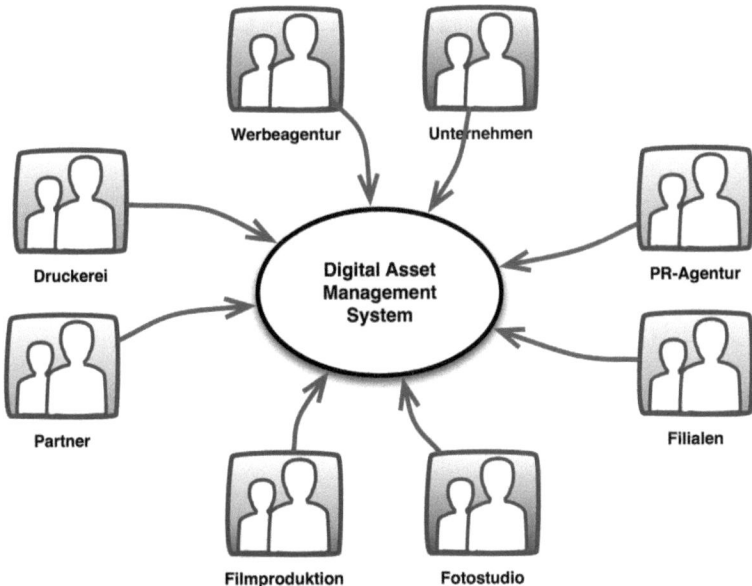

2. Prozesse mit zentralem Digital Asset Management System

Typische Einsatzbereiche für ein DAM sind:

- E-Commerce: Anbindung an Dritt-Systeme (z.B. Product Information Managment - PIM)
- Portale: Marketing, Distributionsportale im B2B und B2C Bereich
- Archivierung: Firmen-, Rundfunk-, Pressearchive
- Musikindustrie: Verwaltung von Musikdaten und deren Verarbeitung
- Druckindustrie: Verwaltung von Bild- und Layoutdaten und deren Verarbeitung
- Filmindustrie: Verwendung von Videodaten und deren Verarbeitung
- Workflow: Bereitstellung von Daten um einen Prozess zu unterstützen

3. Benutzerfreundlichkeit

In diesem Kapitel wird zunächst der Begriff Benutzerfreundlichkeit erläutert. Hierbei konzentriere ich mich insbesondere auf die Benutzerfreundlichkeit im Web, da das Web immer mehr an Bedeutung gewinnt und die später zu vergleichenden Produkte auch Web-Module besitzen. Anschließend wird auf den International Organization for Standardization (ISO) 9241 eingegangen.

3.1. Definition

Prof. Dr. Heide Balzert definiert den Begriff Web-Benutzerfreundlichkeit mit folgenden Worten [4, Seite 2]:

> Um eine gute gelungene Website zu erhalten, muss die Reihenfolge Funktionalität - Web-Ergonomie - Webdesign eingehalten werden. Dann entstehen Websites, mit denen der Benutzer nicht nur die durchzuführenden Aufgaben erledigen kann, sondern die auch die Forderungen der Gebrauchstauglichkeit erfüllen und die schön anzusehen sind. Gebrauchstauglichkeit wird definiert durch Effektivität und Effizienz der Aufgabenerledigung sowie der Zufriedenheit der Benutzer in einem speziellen Nutzungskontext.

Dabei bewertet der Nutzer die Gebrauchstauglichkeit an folgenden Kriterien [4, Seite 4f]:

- Die **Effektivität** bestimmt, wie gut der Benutzer sein Ziel erreichen kann bzw. wie viele Benutzer eine bestimmte Aufgabe erfolgreich abschließen können.
- Die **Effizienz** wird durch die benötigte Zeit bestimmt
- Die **Zufriedenheit** mit einer Website kann durch die Häufigkeit der Besuche eines Benutzers ausgedrückt werden. Dieses Maß gilt natürlich nur für Websites, zu denen es Alternativen gibt.

3.2. Dialoggestaltung nach EN ISO 9241

In dem ISO 9241.110 Standard werden sieben Grundsätze der Dialoggestaltung festgehalten, die einen Grad an Gebrauchstauglichkeit sichern [4, Seite 218f] [5]:

- **Aufgabenangemessenheit**
  Hier geht es darum, den Benutzer durch einen Dialog zu unterstützen. Wichtig dabei ist, dass die Aufgabe des Dialogs definiert wird, die Effektivität und die Effizienz sichergestellt werden.

- **Selbstbeschreibungsfähigkeit**
  Jeder Dialog sollte selbsterklärend sein. Der Benutzer sollte Unterstützung bei der Navigation bekommen. Er sollte zu jedem Zeitpunkt wissen wo er herkommt, wo er ist und wohin er gehen kann.

- **Erwartungskonformität**
  Das menschliche Handeln ist geprägt durch erlernte Verhaltensmuster. Bekannte Vorgänge fallen einem Benutzer somit leichter und sind aus diesem Grund intuitiv.

- **Fehlertoleranz**
  Ein Dialog ist fehlertolerant, wenn das beabsichtigte Arbeitsergebnis trotz erkennbar fehlerhafter Eingaben entweder mit keinem oder mit minimalem Korrekturaufwand durch den Benutzer erreicht werden kann.

- **Steuerbarkeit**
  Ein Dialog ist steuerbar, wenn der Benutzer in der Lage ist, den Dialogablauf zu starten sowie seine Richtung und Geschwindigkeit zu beeinflussen bis das Ziel erreicht ist.

- **Individualisierbarkeit**
  Ein Dialog ist individualisierbar, wenn das Dialogsystem Anpassungen an die Erfordernisse der Arbeitsaufgabe, individuelle Vorlieben des Benutzers und Benutzerfähigkeiten zulässt.

- **Lernförderlichkeit**

Ein Dialog ist lernförderlich, wenn er den Benutzer beim Erlernen des Dialogsystems unterstützt und anleitet.

Für jeden, der mit der Sicherstellung der Usability einer Website beauftragt ist, stellen diese Grundsätze nicht nur ein Konstrukt zur Beschreibung und Klassifizierung dar, sondern vielmehr einen praxisbezogenen Leitfaden, der verinnerlicht werden muss.

4. Produkt: canto Cumulus

Die Canto GmbH ist ein weltweit agierendes Unternehmen, das sich seit 1990 mit der Verwaltung von großen digitalen Dateien beschäftigt. Dabei bedient das Unternehmen mit dem Produkt Cumulus ein breites Branchenspektrum (Markenmanagement, Unternehmenskommunikation, Produktion, Werbung/Design, Behörden, Verlagswesen/Druckvorstufe/Druckereiwesen und Einzelhandel).

4.1. Aufbau

Cumulus ist in zwei Produkt-Editionen erhältlich:

* **Cumulus Workgroup Edition**
  Die Workgroup Edition ist auf kleinere Arbeitsgruppen ausgelegt. Es bietet einfache Suchfunktionalität, Verwaltung von Assets, Stabilität, Workflow- und Publishing-Funktionen.
* **Cumulus Enterprise Edition**
  Die Enterprise Edition bietet zusätzliche Vorteile und ist für größere Datenmengen ausgelegt. Es bietet Freigabe- und Weitergabe-Funktionen, Anpassungsfähigkeit, Rechtevergabe und LDAP-Steurung, hohe Sicherheit von Assets, Integrationsmöglichkeiten und Ausfallsicherheit.

Abgesehen von den Editionen bietet Canto eine Vielzahl von Add-Ons und Plugins an, die durch Canto oder Partner implementiert werden können. Diese Plugins sind oft spezielle branchenbezogene Funktionen und bieten somit einem Kunden individuelle Anpassung.

4.2. Technologie

Cumulus baut auf eine Server-Client-Architektur auf. Es ist hauptsächlich in C++ und in Java geschrieben. Es verwendet eine eigene interne Datenbank, die ähnlich wie eine NoSQL Datenbank arbeitet. Somit ist sie besonders performant und erlaubt dem System sehr schnelle Zugriffe.

Der Client, der bei Cumulus verwendet wird ist ein Desktop-Client. Von diesem kann man auf den Server zugreifen und alle Funktionen aufrufen. Zusätzlich gibt es noch einen Web-Client, dem eingeschränkte Funktionalität zur Verfügung steht. Er ermöglicht es einem Daten zu publizieren z.b. für ein Marketingportal.

Durch Schnittstellen, gibt es mehrere Möglichkeiten die Software anzupassen. Cumulus bietet folgende Schnittstellen an [6]:

- **Cumulus Java Classes**

  Mit den Cumulus Java Classes bietet Canto eine Java Schnittstelle zu dem System um komplette Anpassungen und Erweiterungen in Java zu programmieren.

- **EJaP (Embedded Java Plugin)**

  EJaP sind Java Libraries, die eine Anpassung der Clients ermöglichen. Es werden .ejp Dateien entwickelt. Dabei handelt es sich um nichts anderes als eine .jar Datei.

- **ESP (Embedded Server Plugin)**

  ESP sind Java Plugins für den Server. Die Cumulus Module Scheduler und die Email Benachrichtigungsfunktion sind solche Server Plugins.

- **Cumulus Native SDK**

  Das Cumulus Native SDK ist eine C++ Schnittstelle. Die Canto Entwickler verwenden diese, um die Cumulus Clients zu entwickeln.

- **JSP Tag Library**

  Die JSP Tag Libraries werden bei den Web-Clients eingesetzt. Diese können angepasst und verwendet werden, um die Oberfläche der Web-Clients zu optimieren.

- **Web Services**

  Cumulus stellt eine Web Services Description Language (WSDL) Datei zur Verfügung. Mit dieser programmiersprachen- und protokollunabhängigen Beschreibungssprache ist es möglich, mit anderen Systemen zu kommunizieren.

4.3. Oberfläche

Da es mehrere Clients bei Cumulus gibt, wird hier zwischen Desktop- und Web-Clients unterschieden und diese gesondert betrachtet.

4.3.1. Desktop-Client

Der Desktop-Client hat ein gängiges Layout. Es besteht aus grundlegend drei Bereichen [7]:

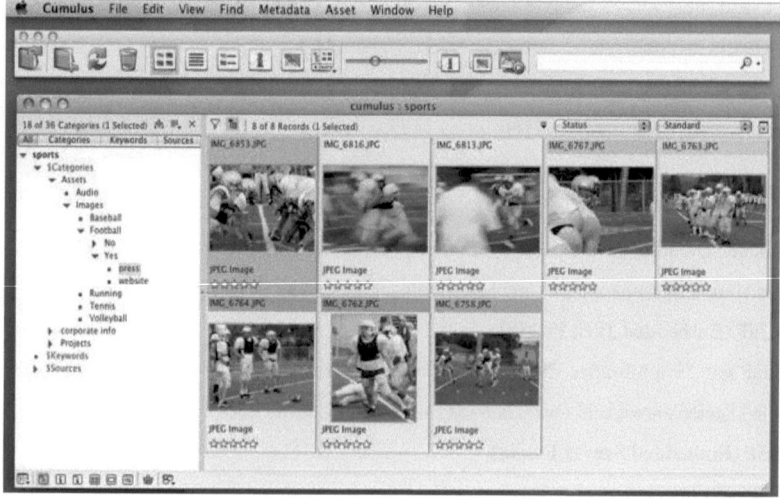

3. Cumulus Desktop-Client Layout

- **Navigation Pane**

  Hier kann man die Funktionen auswählen die das System zur Verfügung stellt (Suchfunktion, Layout Ansicht, Öffnen und Speichern von Katalogen...). Dabei werden die Buttons durch Pictogramme unterstützt.

- **Category Pane**

  Hier gibt das System drei Arten von Struktur vor, die in einer Baumstruktur dargestellt werden. Es wird zwischen Categories, Keywords und Sources unterschieden. Sources ist immer die Struktur des Dateisystems.

  Keywords sind eigene Begriffe, die von einem Benutzer erzeugt werden können, um somit Daten zu verschlagworten und einfacher auffindbar zu machen.

Categories können auch durch einen Benutzer erzeugt werden und bieten eine weitere Strukturmöglichkeit.

- **Record Pane**

In diesem Bereich werden die Assets dargestellt. Je nachdem welche Einstellungen vorgenommen sind, sieht man hier die Assets als Liste, Detailansicht oder als Vorschaubild. Es können sogar mehrere Fenster eingeblendet werden, die dann diese unterschiedliche Sichten darstellen.

Die Assets können farblich markiert werden. Mit Hilfe der Rechtemaus-Taste können nen zusätzliche Funktionen ausgeführen werden.

4.3.2. Web-Client

Bei den Web-Clients wird Cumulus Sites betrachtet, da es das neuste und fortschrittlichste Client Produkt von Canto ist. Es basiert auf JSPX und läuft in einem Java Servlet Kontainer. Die Oberfläche soll somit benutzerfreundlicher sein [8].

4. Cumulus Web-Client Layout

Grundsätzlich sieht das Layout bei Cumulus Sites ähnlich aus wie bei dem Desktop-Client. Oben gibt es einen Navigationsbereich mit Suchfunktion, Sammelkorb und weiteren

Funktionen. Zentral ist dann der Vorschau-Bereich mit den Assets definiert. Im linken Bereich eine vereinfachte Baumstruktur mit zusätzlichen Filterfunktionalitäten. Der größte Unterschied ist, dass es eingeschränkte Funktionen besitzt und das Modul webbasierend arbeitet.

4.4. Zielgruppe

Das Produkt Cumulus kann in unterschiedlichsten Bereichen eingesetzt werden, da es anpassungsfähig ist und auch als Basis für andere Systeme dienen kann. Es hat somit eine breite Zielgruppe. Auf der Unternehmeswebsite sind folgende Zielgruppen dargestellt [9]:

- Marketing & Kommunikation
- Werbeagenturen
- Druckereien und Verlage
- Verarbeitende Industrie
- IT Personal
- Behörden und Regierungsstellen

5. Produkt: celum Imagine

Das Unternehmen celum ist ein weltweit agierender Softwarehersteller. Es existiert seit 1999 und vertreibt das DAM System Imagine.

5.1. Aufbau

Das DAM Produkt ist in vier Bereiche aufgeteilt. Es handelt sich dabei grundsätzlich um die gleiche Codebasis, jedoch sind andere Funktionen aktiviert.

- **celum swift**
  Das Produkt ist für kleinere Unternehmen ausgelegt und bietet grundlegende Funktionalität zum Verwalten, Publizieren und Freigeben von Assets.
- **celum dynamo**

Dynamo ist ein Produkt, das branchenspezifisch ausgelegt wurde, um Kunden besser ansprechen zu können. Es befasst sich mit dem Bereich Brand & Marketing Automation und ist für die Druckindustrie entwickelt worden. Dynamo bietet Web-to-Print Funktionalität auf Basis von InDesign Dokumenten. Ziel des Systems ist es unkompliziert Drucksorten online erstellen zu können.

- **celum movis**

  Movis wurde, ähnlich wie Dynamo, branchenspezifisch ausgleget worden. Es befasst sich mit der Video Verwaltung und biete Möglichkeiten, online in dem System Videos zu schneiden oder Schnittmarken in einem low-resolution Format zu setzten, die später dann in einem Workflow verarbeitet werden.

- **celum Imagine**

  Imagine ist das Enterprise Produkt und kann die Produkte Dynamo und Movis beinhalten. Es ist für große Datenmengen ausgelegt und bietet viele Anpassungsmöglichkeiten für den Kunden.

Zu all diesen Produkten bietet celum zusätzliche Anpassungen (z.B. Plugins, Oberflächenanpassung, Portalentwicklung oder Anbindung an dritt Systeme)

5.2. Technologie

Da alle Produkte auf der gleichen Codebasis aufbauen, wird immer die gleiche Technologie verwendet. Die Produkte sind auf einer Client-Server-Architektur aufgebaut und sind hauptsächlich in Java geschrieben. Es ist webbasiert ausgelegt und benötigt somit nur einen Browser als Client.

Das System setzt auf das Spring-Framework, da es mit dem Framework groß geworden ist und Entwickler wie Jürgen Höller daran beteiligt waren.

Im Peristenz-Bereich wird das Framework Hibernate verwendet, das somit die Möglichkeit bietet, die Datenbanken MySQL, Microsoft SQL, oder Oracle zu verwenden.

Bei der Benutzeroberfläche wird auf Ajax und Flex gesetzt, um bestmögliche Benutzerfreundlichkeit zu erlangen. Hier wird das JavaScript Framework Ext JS verwendet.

Da das System Anpassungsfähig ist, gibt es folgende Schnittstellen für Erweiterungen und Integrationen:

- **openAPI**

  Die openAPI ist eine Representational State Transfer (REST) Schnittstelle, die über HTTP/XML arbeitet. Sie wird von dem Webgate (Publishing Applikation von celum) verwendet und kann für Dritt-Anbindungen oder Portal Applikationen eingesetz werden.

- **SDK**

  Das SDK ist ein Java SDK und bietet die gleichen Funktionen, die man in der openAPI ansprechen kann und zusätzlich Event Listeners, Datenbankzugriffe und Userinterfacezugriffe.

5.3. Oberfläche

Celum bietet zwei Clients, bei denen die Oberfläche betrachtet werden kann, an. Hierbei wird auf der unterschied zwischen Imagine, Swift, Dynamo und Movis verzichtet da die unterschiede minimal sind. Betrachtet wird nur Imagine und das Webgate.

5.3.1. Imagine

Die Benutzeroberfläche von Imagine ist dadurch, dass die neuste Technologie verwendet wird besonders benutzerfreundlich. Es verfügt über folgende Funktionalitäten:

- Drag and Drop
- Individuell anpassbare Benutzeroberfläche
- Mehrsprachige Benutzeroberfläche
- Active Menü
- Speicherung der Benutzeroberfläche für spätere Logins
- Farbwahl für Strukturelemente
- Benutzerfreundliche Pictogramme
- Rechtemaus-Klick Menü
- Details und Vorschauansichten
- Mehrseitige Ansichten bei Dokumenten
- Suchfunktion für Assets und Strukturebenen

Das Layout von Imagine sieht wie folgt aus [10]:

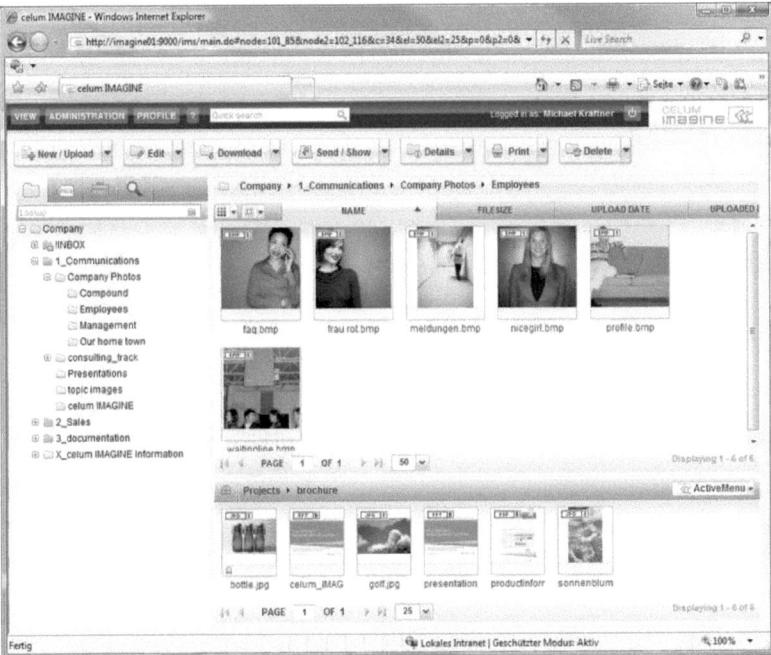

5. celum Imagine Layout

- Im **oberen Bereich** findet man die Navigation mit dem Menü, den Funktionen und dem Active Menü. Jenach Benutzereinstellung kann man hier das Active Menü ein- oder ausblenden lassen.

- Im **linken Bereich** wird die Struktur abgebildet. Es gibt drei Strukturformen: Ordnerstruktur, Schlüsselwortstruktur und Objektsammlungsstruktur. Diese werden alle als Baumstruktur abgebildet. Die Ordnerstruktur ist eine gängige Strukturform die man von Betriebssystemen kennt. Bei der Schlüsselwortstruktur handelt es sich um Schlagwörter, die dem Asset hinzugefügt werden können. Dabei wird eine Vererbung der darüberliegenden Schlüsselwörter mitbetrachtet (Thesaurus). Bei der Objektsammlungsstruktur handelt es sich um eine Art Warenkörbe. Es gibt somit die Möglichkeit, individuell Assets zusammenzustellen und diese einem Publikum zur Verfügung zustellen. Zwei der Strukturen lassen sich hier gleichzeitig einzublenden.

- Der **untere Bereich** kann jede Strukturform anzeigen und dient als Ansicht in einen Ordner, Schlüsselwort oder Objektsammlung. Hauptsächlich wird er für Objektsammlungen verwendet und fungiert als eine Art Warenkorb. Per Drag and Drop lassen sich somit einfach Assets in eine Objektsammlung schieben.

- Der **zentrale Bereich** ist ähnlich wie der untere Bereich und wird grundsätzlich für die Ordnerstruktur verwendet. Die Ansicht lässt sich in eine Liste, kleine/mittel/große Vorschaubilder anpassen.

- Der **rechte Bereich** kann optional eingeblendet werden. Er dient als Detailansicht und zeigt Vorschaubild und Zusatzinformationen.

5.3.2. Webgate

Die Benutzeroberfläche von celum Webgate ist auf ein Minimum beschränkt, da das Webgate nur Lesezugriff hat und als eine Art Marketingportal dient [11].

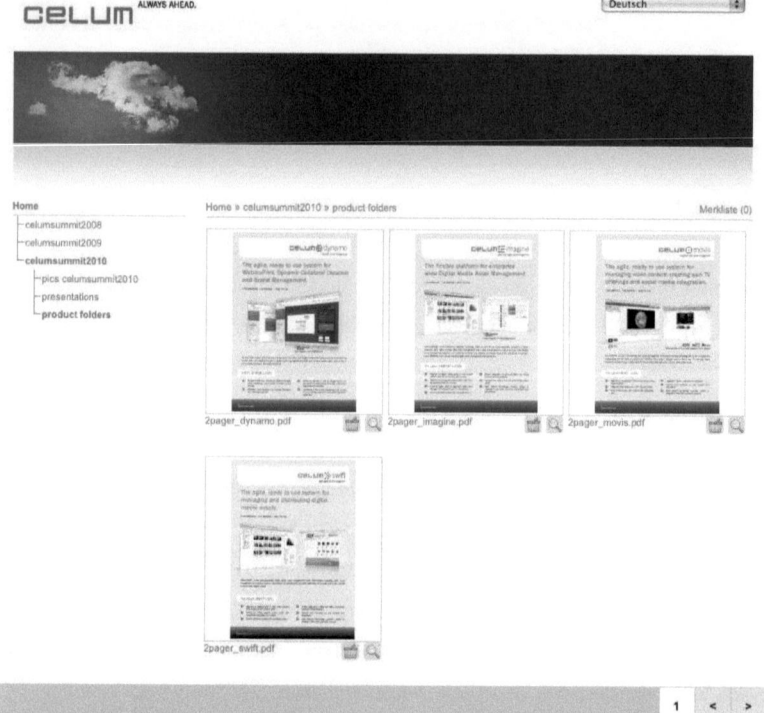

6. celum Webgate Layout

- Im linken Bereich lässt sich nur eine Strukturform einblenden, die bei der Konfiguration definiert werden muss. Diese Strukturform wird auch als Baumstruktur dargestellt, ist jedoch nicht so fortgeschritten wie in Imagine, da keine Ajax Technologie verwendet wird.

- Im oberen Bereich gibt es nur eine Pfadfunktion und einen Warenkorb. Dieser Warenkorb hat aber nichts mit den Objektsammlungen aus Imagine zu tun.

- Im zentralen Bereich werden die Assets aus der Struktur dargestellt und können dem Warenkorb hinzugefügt werden Es gibt aber auch die Möglichkeit eine Detailansicht zu betrachten und das Asset dann in einem bestimmten Format herunterzuladen.

5.4. Zielgruppe

Das Unternehmen celum hat die unterschiedlichsten Kunden aus allen Bereichen. Es ist mehr auf Enterprise DAM ausgerichtet und hat branchenspezifische Angebote die voralle, für den Film- und Druck-Bereich interessant sind. Durch viele kleinere Plugins (Adobe InDesign, Photoshop, Microsoft Office/Word,...) ist es auch besonders für den Marketing- und den Vertriebs-Bereich von Bedeutung.

6. Produktvergleich

In diesem Kapitel geht es um den direkten Vergleich zwischen den Produkten. Da nicht alle Funktionen vergleichbar sind, werden hier nur die relevanten und vergleichbaren betrachtet.

Als erstes werden die Produkte im Allgemeinen einander gegenübergestellt, dannach steht die Benutzeroberfläche im Vordergrund und zum Schluss wird eine Bewertung zu den Produkten abgegeben.

6.1. Allgemein

Grundsätzlich sind die beiden Produkte ähnlich. Sie haben die gleichen Zielgruppen und mit beiden Produkten ist es möglich, große Datenmengen zu verwalten.

Die Editionen sind ebenfalls sehr ähnlich, denn beiden Systeme verfügen über eine Edition, die für den Enterprise Bereich ausgelegt ist und eine Edition für kleinere Datenmengen. Bei celum gibt es zusätzlich noch die Movis und Dynamo Edition die herausstechen. Durch diese beiden Spezialisierungen wird eine bessere Kundennähe erreicht.

Vergleicht man die Technologien der Systeme miteinander fällt auf, dass das Cumulus System sehr robust ist, aber auch auf älterer Codebasis aufsetzt. Einerseits ist das ein Vorteil, da die Suchanfragen auf die interne Datenbank besonders schnell sind. Andererseits gibt es viele neuere Technologien die Celum einsetzt und somit flexibler ist. Beide Systeme haben offene Schnittstellen, die für Partner eine Eigenentwicklung erlauben.

6.2. Benutzerfreundlichkeit

Der größte Unterschied zwischen den Systemen ist, dass der Cumulus Client eine Desktop Applikation ist und somit auf jedem Rechner, von dem gearbeitet werden soll, installiert werden muss. Bei celum hingegen ist es möglich, per Web-Browser auf die Applikation zu zugreifen. Dies bedeutet eine höhere Flexibilität dem User gegenüber, da er von jedem Computer, mit Zugang zum Internet, auf die Applikation zugreifen kann.

Vom Layout ähneln sich die Systeme, da vom User einige grundlegenden Bereiche erwartet werden wie, z.B. die Baumstruktur, die in dem linken Bereich angeordnet ist, die Navigation die oben platziert wird und ein großer zentraler Bereich für die Assets. Bei beiden System ist es auch möglich die Benutzeroberfläche anzupassen und somit ideale Arbeitsbedingungen dem Benutzer zur Verfügung zu stellen. Bei der Baumstruktur gibt es auf der Celum Seite drei unterschiedliche Strukturformen. Auf der Canto Seite gibt es diese zwar auch, jedoch werden sie nicht optisch unterschieden. Es gibt keine Icons oder Farben, die diese Strukturformen unterscheiden. Das liegt daran, dass es in Cumulus auch keinen technischen Unterschied zwischen den Strukturarten gibt, sondern diese nur in der Namensgebung unterschieden werden.

Die Effizienz der Suchanfragen spielt eine wesentliche Rolle bei der Benutzerfreundlichkeit, denn je schneller das System dem User das gewünschte Ergebnis präsentiert desto effektiver kann der User arbeiten und ist somit umso zufriedener mit dem System. Was dies betrifft, ist das Cumulus System bei Suchanfragen besonders schnell, da es auf eine eigen entwickelte Datenbank baut. Außerdem besitzt Cumulus kein virtuelles Dateisystem und muss daher die Assets nicht in das System uploaden, wie bei celum üblich. Die Assets können im Dateisystem liegen und Cumulus greift dadrauf zu.

Celum besitzt außerdem Desktop-Tools die jeder User zusätzlich an seinem Computer installieren kann, um Arbeitsprozesse zu optimieren. Diese Desktop-Tools bieten spezielle

Funktionen, wie z.b. eine Microsoft Office Integration oder eine Integration mit Adobe

Produkten. Durch solche kleineren Zusätze wird das System benutzerfreundlicher, da es

mit Dritt-Systemen harmoniert und somit Prozesse vereinfacht.

Celum arbeitet bei der Benutzeroberfläche mit vielen Icons und anpassbarem Design. Die

Ansichten und Formulare sind immer strukturiert und durch ein Drag and Drop Funktio-

nen wirkt das System wie eine Desktop-Applikation.

Beide Systeme geben dem User immer ein schnelles Feedback, so das der User immer

die Kontrolle über da System hat. Die Funktionen sind selbsterklärend, es gibt aber bei

Bedarf immer Tooltips oder Hilfe Funktionen.

6.3. Nutzwertanalyse

	celum Imagine	canto Cumulus
Layout	Anpassbar und gut durch-dacht	Anpassbar und gut durch-dacht
Geschwindigkeit	schnell	sehr schnell durch interne Datenbank
Design	modern, zeitgemäß	älterer Stand
Selbsterklärend	ja	teilweise
Schnittstellen	REST, Java	Java, C++, Webservice
Fehlerbehandlung	spezielle Fehlermeldungen und -codes	spezielle Fehlermeldungen und -codes
Integration	In Dritt-Systeme möglich Adobe, Microsoft	In Dritt-Systeme möglich durch Plugins
Klarheit	gut	mittel
Vertraulichkeit	sehr gut	mittel
Durchgängigkeit	gut	gut

1. Nutzertanalyse canto Cumulus vs. celum Imagine

6.4. Bewertung

Die Nutzwertanalyse zeigt, dass beide Systeme ihre Daseinsberechtigung haben. Im direkten Vergleich schneidet das System celum Imagine besser ab, als das canto Cumulus System, vor allem in den Bereichen Vertraulichkeit, Klarheit, Design und Integration. Cumulus hingegen ist hauptsächlich besser in dem Bereich Geschwindigkeit.

Beide Systeme sind für die professionelle Verwaltung von großen Daten geeignet. Je nach Anforderung und Kriterien kann das eine System besser als das andere einsetzbar sein.

7. Schlussbetrachtung

Die Ausarbeitung hat gezeigt was genau ein DAM System ist und in welchen Bereichen es zu einem Einsatz kommen kann. Die wesentlichen Funktionen sind die strukturierte Verwaltung, die durch mehrere Strukturebenen und zusätzliche Anreicherung von Meta-Daten erreicht wird. Das suchen und wiederfinden der Daten, durch eine ausgereifte Such-Engine. Die medienneutrale Haltung von Daten, die es dann ermöglicht für unterschiedliche Bereiche individuelle Formate zur Verfügung zu stellen. Das Publishen von Daten und die Integration der Daten in andere Systeme.

Bei der Benutzerfreundlichkeit wurde darauf eingegangen, welche Kriterien relevant sind um ein gute Kommunikation zwischen Mensch und Maschinen zu erlangen. Im Wesentlichen kommt es aus System Sicht auf die Effektivität, die Effizienz und Selbstbeschreibungsfähigkeit an. Aus Sicht des Nutzers kommt es dahingegen auf die Erfahrung und Zufriedenheit des Nutzer an.

Die vorgestellten Systeme haben viele Gemeinsamkeiten, die größten Unterschiede liegen aber in der Technologie und im Design. Dies wirkt sich aus in der Benutzerfreundlichkeit der Systeme und durch die Nutzwertanalyse wird deutlich, in welchen Bereichen das eine oder andere System heraussticht. Grundsätzlich würde ich sagen, dass das celum Imagine System moderne und benutzerfreundlicher ist. Es ist intuitiver bei der Bedienung und liefert besser Integration-Tools.

Literaturverzeichnis

[1] CONTENTMANAGER.DE VIRTUAL ROUNDTABLE - MEDIA ASSET MANAGEMENT. Aug. 2010. http://www.contentmanager.de/magazin/artikel_99-34_virtual_roundtable_-_media_asset_management.html

[2] KRETZSCHMAR, O. UND R. DREYER: MEDIEN-DATENBANK- UND MEDIEN-LOGISTIK-SYSTEME: ANFORDERUNGEN UND PRAKTISCHER EINSATZ . OLDENBOURG WISSENSCHAFTSVERLAG, 2004.

[3] DAVID AUSTERBERRY: DIGITAL ASSET MANAGEMENT - PROFESSSIONAL VIDEO AND TELEVISION FILE-BASED LIBRARIES, 2006.

[4] HEIDE BALZERT: WEBDESIGN & WEB-ERGONOMIE - WEBSITES PROFESSIONELL GESTALTEN, 2004.

[5] HANDBUCH-USABILITY.DE - ISO 9241. Aug. 2010 http://www.handbuch-usability.de/iso-9241.html

[6] CANTO.COM - PROGRAMMIERSCHNITTSTELLEN FÜR DIE ANPASSUNG (APIs). Aug. 2010. http://

[7] CANTO.COM - CUMULUS SCREENSHOTS Aug.2010. http://www.canto.com/de/products/index.php

[8] CANTO.COM - CUMULUS SITES: THEMA FOTO. Aug.2010. http://canto-epoint.canto.com/darkorange/earlylogin.jspx

[9] CANTO.COM - CANTO CUMULUS LÖSUNGEN NACH ZIELGRUPPE. Aug.2010. http://www.canto.com/de/solutions/audience/index.php

[10] CELUM.COM - SCREENSHOTS. Aug.2010. http://celum.com/de/produkte/screenshots/topscreenshots/

[11] CELUM.COM - WEBGATE. Aug.2010. http://webgate.celum.com/collection.html?currentContainerId=510